# 열대 우림

**지은이 리처드 보그트** 미국 위스콘신대학교를 졸업했고, 지금은 브라질의 아마존연구소에서 박물관 큐레이터이자 연구교수로 있습니다. 브라질 아마조나스 주의 마누아스 열대 우림에서 지내며 거북의 생태와 양서류 및 파충류의 생물 다양성을 연구하고 있습니다.

**옮긴이 이한음** 서울대학교 생물학과를 졸업했고, 지금은 과학 저술가이자 번역가로 일하고 있습니다. 지은 책으로는 《호모 엑스페르투스》, 《생명의 마법사 유전자》, 《다윈의 진화 실험실》 등이 있으며, 옮긴 책으로는 《앗, 상어다!》, 《동물 아빠들》, 《뼈》 등이 있습니다.

**감수 임신재** 서울대학교 산림자원학과를 졸업하고, 같은 대학원에서 동물행동생태학을 전공했습니다. 세계자연보전연맹 종보전위원회 위원으로, 지금은 중앙대학교 생명자원공학부 교수로 있습니다. 지은 책으로는 《동물행동학》, 《동물 행동의 이해와 응용》 등이 있으며, 감수한 책으로는 《동물백과 누구일까요?》 등이 있습니다.

# 열대 우림

리처드 보그트 지음  이한음 옮김  임신재 감수

**펴낸이** 김동휘  **펴낸곳** 여원미디어
**출판등록** 제 406-2009-000032호
**주소** 경기도 파주시 회동길 130(문발동) 탄탄스토리하우스
**전화번호** 080 523 4077  **홈페이지** www.tantani.com
**제작책임** 강인석  **제작** 유정근  **인쇄** (주)영림인쇄  **제책** (주)영림인쇄
**편집책임** 이연수  **편집** 조정미·김효미  **디자인** 글그림
**판매처** 한국가드너(주)  **마케팅** 문정선·김미영·조호남·이명진

RAIN FORESTS
Copyright ⓒ 2008 Weldon Owen Limited
All rights reserved.  Korean Translation Copyright ⓒ 2013 Yeowon Media
This Korean edition is published by arrangement with Weldon Owen Limited through The ChoiceMaker Korea Co.
이 책의 한국어판 저작권은 초이스메이커코리아를 통해 Weldon Owen Limited와의 독점 계약으로 여원미디어에 있습니다.
저작권법에 의해 한국 내에서 보호를 받는 저작물이므로 무단 전재와 복제를 금합니다.

ISBN 978-89-6110-514-9  ISBN 978-89-6110-506-4(세트)

가까이 더 가까이

# 열대 우림

리처드 보그트 지음  이한음 옮김  임신재 감수

여원미디어

# 차례

## 둘러보기

**위에서 아래로**

열대 우림의 여러 층　8

돌출목층　10

임관층　12

하층　14

바닥층　16

열대 우림의 강　18

열대 우림의 어제와 오늘　20

**열대 우림의 식물들**

뿌리와 잎　22

얹혀사는 식물　24

교살무화과　26

식물의 번식　28

열대 우림의 선물　30

파괴되는 열대 우림　32

# 집중 탐구

**정글에서 함께 살기**
낮과 밤   36
무리 지어 살아가기   38

**포유류**
원숭이와 유인원   40
나무 타기 선수   42
날아다니는 동물   44
걷는 동물   46

**조류**
크고 작은 새들   48
화려한 새   50

**기는 동물**
곤충   52
파충류   54
개구리   56

**위험**
사라지는 동물들   58

세계의 열대 우림   60
뜻풀이   62
찾아보기   64

# 둘러보기

# 열대 우림의 여러 층

열대 우림은 적도를 중심으로 펴져 있는 울창한 숲이에요. 일 년 내내 무덥고, 비가 많이 내리지요. 열대 우림은 높이에 따라 여러 층으로 나뉘어요. 먼저 가장 키가 큰 나무들이 우뚝 솟은 돌출목층이 있고, 그 아래에 임관층이 있어요. 두 층은 햇빛, 비, 바람에 그대로 드러납니다. 임관층 아래의 하층은 군데군데 햇빛이 들기도 하고, 그림자가 져서 어둡기도 해요. 바람은 없지만 위에서 빗방울은 약간 떨어져요. 열대 우림의 땅과 가까운 바닥층은 햇빛이 전혀 들지 않기 때문에 늘 어둡고 축축해요. 각 층의 식물들은 서로 다른 환경 조건에 걸맞게 적응하면서 살아간답니다.

**판야나무 잎** 판야나무는 약 46미터까지 자라요. 잎은 손바닥 모양으로, 5~9개의 작은 잎이 겹잎을 이루고 있어요.

**덩굴 굵거나 가는** 덩굴들이 임관층과 돌출목의 나뭇가지에서 늘어져 뒤엉켜 있어요.

돌출목층

임관층

커다란 잎 허중이 바나나 같은 열대식 조금이라도 더 받기 위해 아주 큽니다.

곰팡이 열대 우림의 바닥층에는 여기저기 곰팡이들이 피어 있어요. 잎이 있거나 죽은 식물 또는 죽은 동물을 먹고 살아요.

# 돌출목층

열대 우림에서 가장 큰 나무는 땅에서 40미터가 넘게 솟아 있어요. 이런 큰 나무는 임관층 위로 삐죽 튀어나와 있기 때문에, '튀어나온 나무'라는 뜻의 돌출목이라고 불러요. 돌출목은 보통 강렬한 태양과 무섭게 쏟아지는 비를 견딜 수 있도록 잎이 두꺼워요. 숲 바닥층에서는 다른 돌출목의 어린나무가 자기 차례를 기다립니다. 돌출목이 나이 들어 죽으면, 임관층 위쪽에 공간이 생겨요. 그래서 어린나무들은 꼭대기까지 누가 먼저 올라가나 경쟁을 하지요. 결국 그 자리를 차지할 수 있는 것은 한두 그루뿐이에요. 돌출목층은 높기 때문에 날개 달린 새와 곤충만이 살 수 있답니다.

### 보르네오 열대 우림

보르네오 섬의 열대 우림에서 가장 흔한 돌출목은 디프테로카르프 종이에요. 전 세계에 퍼져 있는 약 260종의 디프테로카르프 가운데 155종이 보르네오 섬에서 자랍니다. 디프테로카르프는 높이가 37~64미터까지 자라는 큰 나무인데, 보르네오 열대 우림에서 가장 큰 나무는 아니에요. 그보다 수가 적지만, 나무껍질이 은백색인 투알랑이 훨씬 더 높이 자라요.

**날개 달린 씨** 다른 돌출목처럼 디프테로카르프도 씨에 날개가 달려 있어요. 날개는 씨가 바람에 날려서 멀리 흩어지도록 도와요.

**벌매** 벌집 속에 있는 꿀벌, 말벌, 호박벌의 번데기를 즐겨 먹어요.

**투알랑** '꿀벌나무'라고도 부르는 투알랑은 20층 건물 정도의 높이인 약 76미터까지 자라요. 30미터 아래로는 가지가 없어요.

**하늘에서 본 모습** 돌출목층의 꼭대기를 제대로 보려면, 하늘에서 내려다보는 수밖에 없어요.

돌출목층

**꽃가루 배달부**
총채벌레는 작은 곤충으로 디프테로카르프의 잎을 먹어요. 나무에 꽃이 피면, 씨를 맺을 수 있도록 수술의 꽃가루를 암술머리에 옮겨 주어요.

**털머리새** 시끄럽게 몰려다니며 딱정벌레, 메뚜기, 바퀴 같은 곤충을 잡아먹어요.

## 나무 타는 곰

아주 희귀한 태양곰은 곰 중에서도 나무 타기 선수예요. 하지만 태양곰도 투알랑에 있는 벌집까지는 높이 오를 수 없어요. 나무줄기가 너무 미끄럽거든요.

**벌집** 큰꿀벌은 투알랑의 높은 가지 아래에 원반 모양의 거대한 벌집을 지어요. 벌집의 너비는 무려 1.8미터나 된답니다.

# 임관층

임관은 나뭇가지와 잎이 빼곡히 달린 나무의 윗부분을 말해요. 하늘에서 보면 임관층은 풍성한 나무 꼭대기들이 하나로 이어져 초록빛 바다처럼 보입니다. 하지만 임관층의 나무들은 그다지 촘촘히 붙어 있지 않아요. 나뭇가지들이 길게 뻗쳐서 하나로 이어져 보이는 것뿐이에요. 임관층은 깊이가 12미터에 이르기도 하는데, 아래층까지 햇빛이 닿지 않을 만큼 울창해요. 임관층의 나뭇가지들은 다른 식물들로 덮여 있곤 해요. 리아나 같은 덩굴 식물이 가지에서 축 늘어져 있거나 서로 뒤엉켜 있지요. 임관층에는 열대 우림의 다른 층보다 살고 있는 동식물의 종류가 많아요. 아직 발견되지 않은 종도 많을 거예요.

### 임관층에서 돌아다니기

임관층은 땅에서 30미터도 넘는 높은 곳이지만, 원숭이들에게는 즐거운 놀이터예요. 원숭이들은 나뭇가지를 타고 가서, 1미터쯤 되는 나무 사이를 거뜬히 건너뛰지요. 먹이가 있는 곳, 숨을 곳, 쉽게 건너뛸 수 있는 틈새를 잘 기억했다가 꼬리로 균형을 잡으면서 임관층 구석구석을 재빠르게 돌아다닌답니다.

**박쥐 터널** 망치머리박쥐는 임관층에서 매일 밤 같은 길로 날아다녀요. 이 길은 식물들이 그물처럼 우거진 사이사이의 빈 공간이에요. 터널과 같은 셈이지요.

**저마다의 길** 원숭이가 다니는 길(빨강)은 박쥐의 길(파랑)과 마주치기도 해요. 하지만 톡토끼의 길(노랑)은 나무줄기를 따라 곧장 올라가요.

임관층

**원숭이의 길** 콧수염원숭이는 이끼, 잎, 잔가지가 발에 계속 짓밟혀서 생긴 길을 따라가요.

**톡토기** 아주 작은 이 곤충은 대부분 숲 바닥에서 낙엽을 먹으며 지내지만, 신선한 잎을 찾아 임관층으로 기어오르기도 해요.

# 하층

임관층 아래는 하층이라고 해요. 하층은 임관층에 닿는 햇빛의 15퍼센트 정도도 닿지 않아요. 그래서 하층에서 자라는 식물은 임관층보다 다양하지도 않고, 빼곡하지도 않아요. 하층은 땅에서 약 1.5미터 위에서부터 시작해요. 그곳에서 높이 6미터까지는 주로 키 작은 관목이 자라요. 관목 위로는 적은 햇빛을 모으기 위해 야자나무 같은 아주 큰 잎을 지닌 나무들이 자라요. 야자나무 위로는 꼭대기로 올라가며 자라고 있는 임관층과 돌출목층의 어린나무들, 그리고 다 자란 큰 나무들의 이끼로 덮인 줄기가 있어요.

**줄무늬청개구리** 다리가 길어서 하층으로 쉽게 기어오를 수 있어요. 발가락에는 빨판이 달려 잎에 안전하게 뛰어내려 달라붙어요.

### 햇빛이 부족한 곳의 생물

하층은 식물이 양분을 만드는 데 필요한 햇빛이 아주 적게 들어요. 그 대신, 바람이나 세찬 비 같은 해로운 것을 피할 수 있어요. 하층 식물의 잎은 햇빛을 조금이라도 더 받기 위해 위층 식물의 잎보다 크고, 색깔도 더 짙은 청록색이에요.

하층

**빛줄기**
약간의 빛줄기만이 임관층 나무 사이의 작은 틈새를 뚫고, 하층의 식물들에게 닿아요.

**기다리는 뱀** 속눈썹살모사가 헬리코니아 줄기를 감은 채 참을성 있게 먹잇감을 기다려요. 먹잇감이 꽃을 찾아오면 와락 달려들지요.

**투명날개나비** 하층에 사는 이 나비는 독성이 있는 식물의 잎에 알을 낳아요. 애벌레는 그 잎을 먹고 자라고, 자연스럽게 몸 안에 독을 저장해요. 그래서 포식자들은 투명날개나비의 애벌레를 피한답니다.

**온두라스흰박쥐** 이 작은 박쥐는 헬리코니아 잎의 잎맥을 물어뜯어 텐트 모양으로 접어요. 그런 다음, 낮에 햇빛과 포식자를 피해 이 텐트 안에서 잠을 자요.

**헬리코니아** 화려한 색깔의 꽃으로 벌새와 꿀벌을 끌어들여요. 그러면 벌새와 꿀벌이 꽃가루를 옮기지요.

# 바닥층

열대 우림의 바닥층은 아주 어둡고 습해요. 이 고요하고 어두운 층에서 열대 우림의 가장 중요한 생명 활동이 일어난답니다. 모든 식물이 자라는 데 필요한 영양 염류가 만들어지거든요. 열대 우림의 흙은 영양 염류가 적어요. 하지만 땅에 떨어진 죽은 식물과 동물들이 분해되면 영양 염류가 생겨나지요. 흰개미와 몇몇 딱정벌레 같은 곤충들은 땅에 떨어진 생물을 잘게 조각내어 먹어요. 곰팡이와 세균은 그 부스러기들을 분해해요. 여기서 분해는 썩는다는 뜻이에요. 이 분해된 물질에서 영양 염류가 빠져나오면, 열대 우림에서 살고 있는 모든 식물의 뿌리가 그것을 빨아들인답니다.

## 죽음과 삶

이 나무는 비록 죽었지만, 작은 동물들에게 집이 되어 주는 등 온갖 생명 활동이 일어나는 곳이 되었어요. 무엇보다 가장 중요한 점은 이 나무가 분해되어 다른 나무들에게 영양 염류를 내어 준다는 것이에요.

1. **곰팡이** 죽은 생물을 먹어 치우거나 분해하여 영양 염류를 만드는 중요한 역할을 해요. 곰팡이가 없으면, 숲 바닥에는 죽은 생물이 수북이 쌓일 거예요.
2. **찻종버섯** 보기에만 좋은 것이 아니라, 맛도 좋아요.
3. **찻잔접시버섯** 버섯 안에 든 구슬은 홀씨예요. 물에 씻겨 나가면서 다른 곳으로 흘러가 싹을 틔워요.
4. **산호뱀** 빨간색, 노란색, 검은색의 띠가 있는 이 뱀은 독을 품은 독사예요. 대부분의 시간을 통나무 안에서 숨어 지내요.
5. **지네** 곤충들이 기어 다니는 쓰러진 나무는 육식 동물인 지네에게 완벽한 사냥터예요.
6. **광대버섯** 이 버섯은 해로운 세균을 죽이는 '신나바린'이라는 항생 물질을 만들어요.
7. **흰개미** 이 곤충은 나무와 나무껍질의 많은 부분을 먹어 치워요. 흰개미 집에는 흙을 기름지게 하는 영양 염류가 가득해요.
8. **균사** 곰팡이는 균사라는 실 같은 세포들로 이루어졌어요. 균사는 죽은 나무의 세포를 분해하여 영양 염류를 빨아들여요.

바닥층

**사고야자** 이 야자나무는 원래 파푸아 뉴기니에서만 자랐는데, 지금은 동남아시아의 여러 지역에서 볼 수 있어요. 줄기는 주요한 먹을거리가 되고, 잎은 지붕을 만드는 데 쓰여요.

# 열대 우림의 강

남아메리카의 아마존 강과 아프리카의 콩고 강처럼 세계에서 손꼽히는 몇몇 긴 강은 열대 우림을 지나가요. 이런 강은 풀과 나무가 빽빽한 숲에 햇빛을 받을 수 있는 탁 트인 곳을 만들지요. 강물은 숲에서 쓸려 내려온 물질이 많아서 우유를 탄 연한 커피 같은 '하얀 물', 포도 껍질 따위에 들어 있는 타닌이 많아서 검게 보이지만 세상에서 가장 깨끗한 '검은 물', 빨리 흐르는 '맑은 물' 등으로 나뉘어요. 그래서 강가에는 강물에 어떤 물질이 많은지에 따라 각각 다른 식물이 자란답니다.

### 세픽 강

남태평양 파푸아 뉴기니의 세픽 강은 중앙 고지대에서 열대 우림을 지나 북쪽 기르기르 곶의 바다로 흘러들어요. 고지대에는 민물 식물이 자라고, 바다와 만나는 곳에는 소금기가 많은 땅에서 자라는 염생 식물과 맹그로브가 우거져 있어요.

### 잡초를 없애는 바구미

1970년대 말, 수중 식물인 큰생이가래가 외국에서 들어와 세픽 강의 넓은 지역을 뒤덮었어요. 큰생이가래는 세픽 강의 환경을 망가뜨렸어요. 그래서 잡초를 없애는 남아메리카의 바구미를 들여와 퍼뜨렸지요. 결과는 대성공이었어요.

**열대피** 이 볏과 식물은 강둑의 축축한 습지에서 자라요.

**수중 식물** 물속에서 자라는 수중 식물은 자유롭게 둥둥 떠다니는 것도 있고, 강바닥에 뿌리를 박고 사는 것도 있어요. 그래서 많은 곤충과 물고기가 수중 식물에 기대어 살아요. 먹잇감이 풍부하고, 알을 낳기에도 좋으니까요.

# 열대 우림의 어제와 오늘

열대 우림은 수십만 년 동안 지구에 있었어요. 하지만 사람이 열대 우림에 살게 된 뒤, 그 넓이는 갈수록 줄어들고 있어요. 처음에는 열대 우림 지역에 사는 사람이 얼마 되지 않았지만, 지금은 무려 2억 명이나 된답니다. 1980년대 이후 열대 우림은 점점 더 빠른 속도로 파괴되고 있어요. 오늘날 열대 우림이 모두 사라진 나라는 30개국이 넘어요. 1980년에서 1995년 사이에 멕시코 땅보다 더 넓은 열대 우림이 파괴되었어요. 이제 국제 연합(UN)과 환경 단체를 비롯한 세계 여러 나라 기관들이 열대 우림을 적극적으로 보호하고 있어요. 열대 우림의 미래는 우리의 손에 달려 있답니다.

## 사라지는 열대 우림

1800년 무렵 열대 우림은 지구 육지 넓이의 약 15퍼센트를 차지했어요. 그러나 지금은 7퍼센트도 되지 않아요. 하루빨리 열대 우림을 보호하지 않으면, 앞으로 50년 안에 몇몇 지역의 열대 우림이 완전히 사라져 버릴 수도 있어요.

## 원시림

사람의 손이 닿지 않은 자연 그대로의 숲을 '원시림'이라고 해요. 사람들이 도끼와 톱을 들고 오기 전에는, 이런 원시림이 열대 지방 전체에 가득했어요.

**광산** 남아메리카의 이곳은 한때 열대 원시림으로 울창했어요. 하지만 지금은 사람들이 캐낸 광물 찌꺼기로 뒤덮였어요.

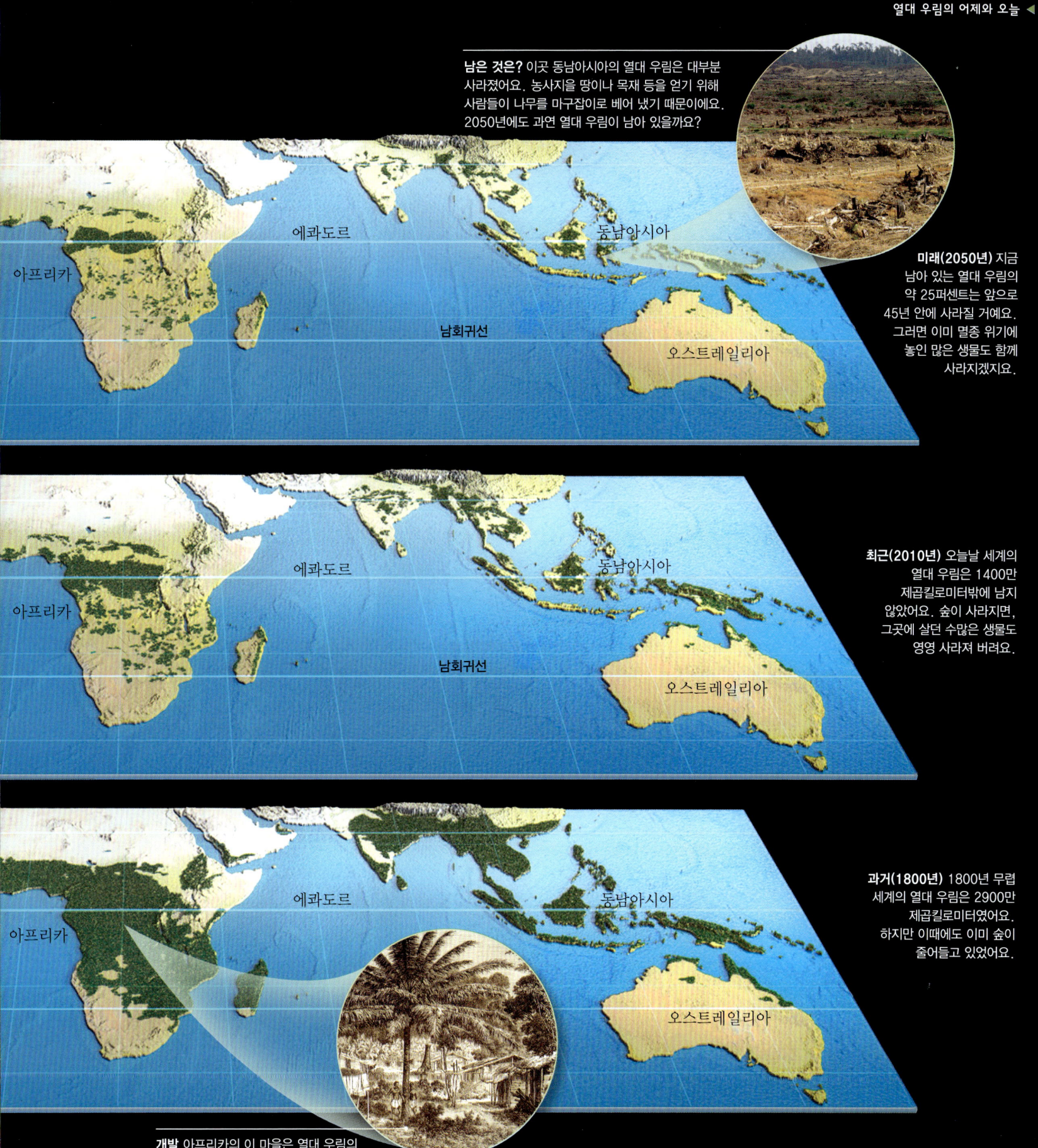

# 뿌리와 잎

열대 우림의 식물은 뿌리와 잎 등이 저마다 열대 지방의 환경에 알맞도록 변화했어요. 줄기 몸중과 잎은층이 튼튼한 식물은 강렬한 햇빛과 엄청난 비를 견딜 만큼 튼튼하고, 그 아래 하층의 식물은 햇빛이 모자라도 견딜 수 있는 잎을 가지고 있어요. 열대 우림의 흙은 아주 오래되어 식물이 자라는 데 필요한 영양분가 거의 빠져나간 상태예요. 그래서 이곳 식물의 뿌리는 겉흙에 얕게 퍼져 있어요. 얕아진 있으니 죽은 생물이 분해되어 빠져나오는 영양 염류를 쉽게 빨아들이기 위해서에요. 아울러 큰 나무들은 나무를 낮게 뿌리를 내리고도 쓰러지지 않기 위한 각자의 방법을 찾아냈어요.

## 적응해서 변한 잎

**잎** 모양, 생김새 하는 중에 사는 나무의 잎인지 알 수 있어요.

**빗물이 똑똑** 일년중 나무의 잎은 빗물이 모여서 떨어지도록 끝이 길고 뾰족해요.

**크기와 색깔** 아주 하층에서 자라는 잎은 더 많은 햇빛을 받기 위해 아주 넓게 자라요. 피토디아 바닥층에서 자라는 식물이 잎이 붉은 색소는 햇빛이 붉은색 광선을 더 많이 빨아들여요.

## 버팀뿌리

톱줄무중의 나무는 76미터까지도 자라고, 무게도 많이 나가요. 하지만 뿌리는 아주 깊은 땅속에 박혀 있어서 거센 바람에 쉽게 쓰러질 수 있어요. 그래서 변한 것 잎이 버팀뿌리예요. 넓게 뻗어 나가는 이 특수한 뿌리는 나무를 쓰러지지 않게 해 줘요. 또 얕아지는 있을 가두었다가, 잎들이 분해되면 손쉽게 영양 염류를 빨아들여요.

1 **어린나무와 어른나무의 잎** 큰 잎은 어두운 바닥층에서 자라고 있는 어린나무의 잎이에요. 작은 잎은 햇볕을 잘 받는 임관층까지 올라간 어른나무의 것이에요. 그만큼 잎이 작아졌지요.

2 **윤판 줄기 안에는** 가늘고 긴 관 모양이 세포들이 모여 있어요. 이 세포들은 뿌리에서 빨아들인 영양 염류와 잎에서 만든 포도당을 나무 곳곳으로 보내 주어요.

3 **엄곤나무** 버팀뿌리의 줄기에 달라붙어 햇빛이 쫓 바치는 임관층까지 나무를 감고 올라가요.

4 **근도요타조** 엄청 큰 도요타조는 계들러서 버팀뿌리 사이에 알을 낳고도 나 몰라라 가버려요. 그러면 수짓 근도요타조가 알이 깨지지 않도록 보호하지요.

5 **열대 우림 나무의 뿌리** 열대 우림에 사는 나무의 뿌리는 길이 15~20센티미터 정도인 겉흙에 넓게 퍼져 있어요. 죽은 생물이 분해되면서 나오는 영양 염류가 겉흙에 가장 많기 때문이에요.

6 **온대림 나무의 뿌리** 무더운 열대 우림과는 달리, 따뜻한 온대 지방의 숲은 흙에 영양 염류가 풍부해요. 그래서 온대림 나무의 뿌리는 흙 속으로 깊게 파고들어요. 깊이 1.5미터까지도 들어간답니다.

# 얹혀사는 식물

열대 우림의 바닥층에서 자라는 식물은 햇빛을 거의 받지 못해요.
그래서 몇몇 식물은 키 큰 나무에 얹혀살며 햇빛을 받아요.
이 식물들의 씨는 임관층이나 돌출목층 나무의 가지에서 싹이 터요.
이렇게 큰 나무에 얹혀사는 식물을 '착생 식물'이라고 한답니다.
착생 식물은 얹혀사는 큰 나무에 해를 끼치지 않아요.
덩굴 식물, 난초, 양치식물, 브로멜리아드 등이 열대 우림에서
흔히 볼 수 있는 착생 식물이에요.

호접란

## 덩굴 식물

덩굴 식물은 갖가지 방법으로 햇빛이 드는 곳까지 올라가요. 나무에 갈고리를 걸거나, 덩굴손을 뻗거나, 나무를 감기도 해요.

갈고리

감는 덩굴손

말리는 덩굴손

들러붙는 덩굴손

개미식물

난초

## 브로멜리아드

브로멜리아드의 튼튼한 잎은 물을 8리터나 담는 커다란 물통 역할을 해요. 많은 동물이 이 물통에 와서 물을 마시거나 알을 낳지요. 그뿐이 아니에요. 물은 여러 동물의 배설물, 알, 애벌레, 떨어지는 먼지와 죽은 생물이 잠겨서 양분이 풍부한 '수프'로 변해요. 브로멜리아드와 그 물통에 사는 동물들은 이 양분을 먹고 자란답니다.

착생 양치식물

**더불어 살기** 임관층과 돌출목층 나무의 가지는 여러 종류의 착생 식물로 덮여 있어요.

# 교살무화과

교살무화과는 큰 나무에 얹혀사는 착생 식물로 삶을 시작해요. 교살무화과의 열매를 먹은 새가 씨를 큰 나무 틈새에 떨어뜨리면, 씨는 나무에 얹혀서 자라요. 그러다 가느다란 뿌리들을 땅에 내리지요. 땅에 닿은 뿌리들은 큰 나무의 줄기를 휘감으며 무섭게 위로 올라와요. 그래서 사실 교살무화과는 착생 식물이 아니라, 큰 나무에 걸받만 얹혀사는 '반착생 식물'이에요. 교살무화과는 얹혀사는 것도 모자라 큰 나무를 죽이기까지 한답니다. 이렇게 끔찍한 나무지만, 다양한 동물이 교살무화과를 찾아와요. 교살무화과는 안쪽이 텅 비어 있기 때문에 동물들이 집으로 삼으며 안성맞춤이거든요. 게다가 한 해에 여러 번 열매가 열려 열매 동물들에게는 더없이 매력적인 나무랍니다.

## 옥죄고 뒤덮기

다 자란 교살무화과의 잎은 큰 나무의 잎을 뒤덮고, 뿌리는 큰 나무의 줄기를 꽁꽁 옥죄어 들어갑니다. 결국 큰 나무는 햇빛과 양분을 받지 못해 죽고 말아요. 그래서 모습을 '교살'이라고도 하는 거랍니다. 못이 이름이 붙여졌어요. 이렇게 죽은 큰 나무가 썩어서, 그 자리에 놓이 서 있는 교살무화과에게 양분을 고스란히 주어요.

**열매 속의 생명** 짧은 자루에서 무화과 열매가 주렁주렁 맺혀요. 무화과말벌은 열매 속에서 새끼를 키워요.

① **암컷 무화과말벌** 읽음을 밴 암컷 무화과말벌이 다른 무화과 열매에서 수꽃의 꽃가루를 묻힌 채 날아와요. 암컷이 이 무화과 열매의 아래쪽 구멍으로 들어가면, 구멍을 덮어 버려요.

⑤ **다음 세대** 잎음을 밴 암컷은 태어난 열매 안에서 수꽃의 꽃가루를 묻힌 채 다른 무화과 열매 안으로 들어가 알을 낳아요.

# 식물의 번식

열대 우림의 임관층 아래는 꽃가루를 흩날릴 바람이 불지 않아요. 따라서 그곳에 사는 식물은 동물의 도움으로 수꽃의 꽃가루가 암꽃에게 옮겨 붙어요. 그래서 씨를 맺게 됩니다. 꿀을 먹는 곤충, 박쥐, 새는 꽃가루를 옮겨 주는 소중한 배달부예요. 씨는 어미 나무의 그늘에서 벗어나 햇빛을 충분히 받을 수 있는 곳으로 멀리 퍼져야 해요. 다행히 동물의 몸에 달라붙거나 똥으로 나와서 멀리 퍼질 수 있어요. 어떤 동물들은 걸어서, 어떤 동물들은 날아서 멀리멀리 씨를 퍼뜨려 주지요.

**라플레시아 꽃봉오리** 벌어지기 전의 꽃봉오리는 검고 커다란 양배추 같아요.

**꽃봉오리 속** 꽃봉오리가 벌어지면, 속에 있는 분홍색이 드러나요.

### 라플레시아

인도네시아의 수마트라 섬에 사는 라플레시아는 세상에서 가장 큰 꽃을 피우는 식물이에요. 꽃은 지름이 무려 1미터를 넘으며, 무게가 10킬로그램까지 나가기도 해요. 그런데 한 해에 겨우 5~6일밖에 꽃이 피지 않아요. 따라서 짧은 기간에 꽃가루 배달부를 빨리 끌어들여야 하지요. 라플레시아 꽃은 썩은 고기 냄새를 풍겨서 꽃가루를 옮길 검정파리를 끌어들인답니다.

### 씨 퍼뜨리기

가장 높은 곳인 돌출목층 나무의 씨는 대부분 가볍고 날개가 달려 있어요. 그래서 바람을 타고 멀리 퍼져요. 바람이 거의 불지 않는 아래층의 식물은 씨를 먹거나 밟는 동물을 통해 씨를 퍼뜨려요.

새를 통해 퍼지는 씨

바람에 날리는 판야나무 씨

동물을 통해 퍼지는 시계풀 씨

### 기생 식물

라플레시아는 덩굴나무에 붙어서 양분을 빨아들이며 사는 기생 식물이에요. 그래서 꽃가루가 묻은 검정파리가 근처의 다른 라플레시아 꽃을 찾아야 가루받이가 이루어져요. 씨는 동물이 라플레시아를 먹거나 밟아서 다른 덩굴나무로 퍼뜨려요.

**검정파리** 냄새에 이끌린 검정파리가 꽃에 닿으면, 끈끈한 꽃가루가 파리 몸에 붙어요.

**꽃밥** 다른 식물과 달리, 라플레시아는 꽃밥에서 마른 꽃가루가 아니라 끈끈한 액체 꽃가루를 내보내요.

# 열대 우림의 선물

열대 우림이 지구 육지에서 차지하는 넓이는 약 7퍼센트예요. 하지만 이곳에는 지구의 동식물 가운데 절반이 넘는 1000만 종 정도가 살고 있어요. 이렇게 다양한 생물이 살고 있는 것만으로도, 열대 우림은 우리에게 아주 중요한 곳이에요. 그 밖에도 열대 우림은 해로운 이산화탄소를 빨아들이고, 산소를 내보내 지구의 공기를 깨끗이 하는 데 큰 역할을 해요. 열대 우림이 품고 있는 물은 그 지방의 날씨를 시원하게 하고, 비구름이 생기도록 도와요. 우리가 즐겨 먹는 과일은 물론 여러 질병에 쓰이는 많은 약의 재료도 열대 우림의 식물에서 얻는답니다.

### 지구의 허파, 열대 우림

열대 우림은 밀림 또는 정글이라고 불러요. 그만큼 나무가 빽빽하게 들어서 있기 때문이에요. 이것이 열대 우림이 우리에게 소중한 이유 가운데 하나이기도 해요. 녹색 식물의 잎은 해로운 이산화탄소를 빨아들이고, 수증기와 산소를 내보내거든요. 특히 지구에 있는 산소의 절반 정도를 열대 우림의 녹색 식물이 만들어 낸답니다. 우리는 산소 없이는 숨을 쉴 수 없어요. 열대 우림을 '지구의 허파'라고 부르는 것도 그 때문이지요.

$H_2O$

**물** 열대 우림에는 엄청나게 많은 비가 내려요. 이 비 가운데 일부는 천천히 밑으로 떨어져서 흙을 적시거나 강으로 흘러들어요. 하지만 많은 비는 잎에 남아 있다가 수증기가 되어 공기 중으로 돌아가요.

이산화탄소 / 수증기 / 산소

### 우리가 먹고 쓰는 것들

우리가 매일 먹는 과일, 채소, 견과류, 양념 중에는 열대 우림에서 나온 것이 많아요. 그뿐만 아니라, 우리는 열대 우림의 식물에서 여러 질병을 치료하는 약의 재료와 섬유, 기름, 껌, 연료, 고무 등의 재료도 얻어요.

대표적인 열대 우림의 과일들 / 바나나 / 파인애플 / 말라리아를 치료하는 약인 키니네는 기나나무 껍질에서 얻어요.

# 파괴되는 열대 우림

수천 년 동안 열대 우림은 조금씩 파괴되어 왔어요. 하지만 최근 몇 십 년 동안에 비하면, 그전에 파괴된 땅은 아주 적은 부분에 지나지 않아요. 옛날에는 원주민들이 농사지을 땅을 얻으려고 마을 주변의 나무를 베고 불태운 것이 고작이었어요. 오늘날의 벌목 회사들은 열대 우림을 완전히 없애 버려요. 그 지역의 나무를 모두 베어 내는 것이지요. 이렇게 얻은 넓은 땅을 농장으로 꾸며, 돈이 되는 가축이나 농작물을 키운답니다. 정부에서도 도로나 댐을 만들기 위해 열대 우림을 파괴하곤 해요. 해마다 엄청난 넓이의 열대 우림이 사라지면서 세계 곳곳에 어두운 그림자가 드리우고 있어요.

**야자 기름** 열대 우림을 밀어 버리고, 돈을 벌 수 있는 기름야자 같은 농작물을 키우기도 해요.

### 오늘은 있지만 내일은 없다
열대 우림은 다양한 동물과 식물이 서로 어울려 균형을 이루고 사는 곳이에요. 사람들이 이 섬세한 균형을 조금이라도 깨뜨리면, 동식물은 큰 영향을 받아요. 큰 나무들이나 강의 한쪽에 있는 나무들만 베어 내도, 다시 그 모습을 되찾지 못할 수도 있어요.

### 돈이 되는 농작물
브라질의 이 열대 우림은 콩을 심기 위해 나무들을 베어 냈어요.

**농사** 열대 우림의 흙은 영양 염류가 적어서 농작물을 심어도 잘 자라지 않아요. 그나마 나무에서 떨어지는 잎이 없다면, 자연적으로 생기는 영양 염류도 없을 거예요.

**강** 열대 우림에는 세찬 비가 내려도 나뭇잎 덕분에 빗물이 천천히 떨어져요. 그래서 흙이 강으로 씻겨 내려가지 않아요.

**원시림** 사람의 손이 닿지 않은 원시림은 수백 년 동안, 수많은 생물이 이루어 놓은 숲이에요. 하지만 파괴하는 데에는 단 며칠이면 된답니다.

**불** 나무를 모두 벤 뒤, 남은 뿌리와 그루터기 등은 불을 놓아 태워요. 그러면 불타는 나무에서 나오는 이산화탄소 때문에 곳곳의 공기가 오염되어요.

**농사 실패** 땅이 기름지지 못하기 때문에, 열심히 일해도 농사를 망치기 일쑤예요.

**목재** 열대 우림의 나무들은 집이나 가구 등을 만드는 데 알맞은 것도 있지만, 많은 나무가 종이를 만드는 데 쓰여요.

## 파슨카멜레온

학명: *Calumma parsonii*

서식지: 마다가스카르 섬 열대 우림의 하층과 임관층

관련 종: 카멜레온속의 다른 19종

크기: 몸길이 약 55~65센티미터

몸무게: 약 700그램

먹이: 주로 곤충, 잎, 꽃, 열매, 이끼와 잔가지도 먹음

번식: 암컷은 땅에 약 25~50개의 알을 낳고 떠남. 부화 기간은 약 12~24개월

보존 상태: 위기 근접종

**요약** 집중 탐구하는 열대 우림 동물의 핵심 정보를 알아보기 쉽게 간추렸어요.

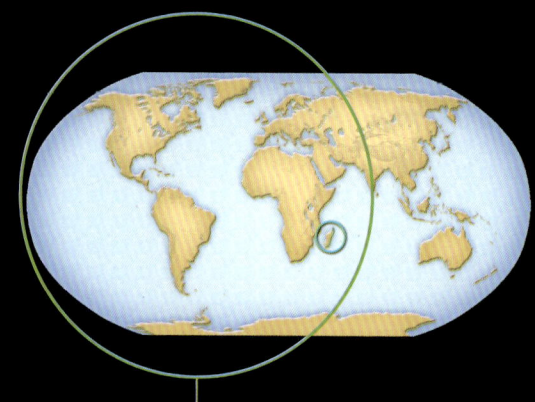

**분포 지역** 집중 탐구하는 열대 우림의 동물이 어느 지역에 사는지 세계 지도에 초록색으로 나타냈어요. 초록색 원으로 표시된 곳은 마다가스카르 섬이에요.

**분류 띠** 집중 탐구하는 동물이 열대 우림의 어느 곳에 사는지 나타내는 띠예요.

돌출목층
임관층
하층
바닥층
강

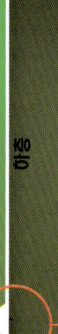

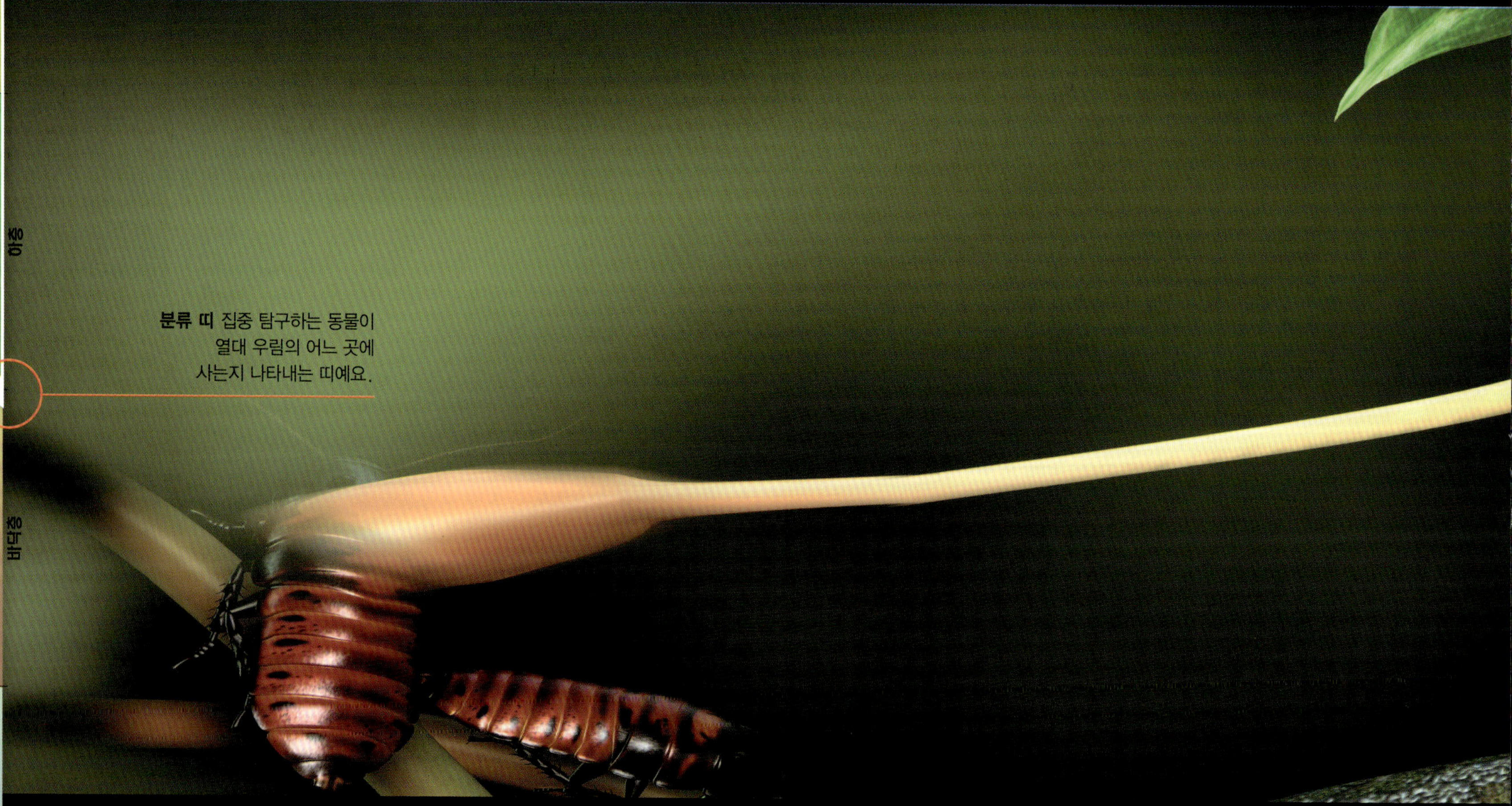

# 집중 탐구

# 낮과 밤

10제곱킬로미터 넓이의 열대 우림 안에는 포유류 125종, 조류 400종, 파충류 100종, 양서류 60종, 나비 150종 정도가 사는 것으로 알려져 있어요. 좁은 공간에 다양한 종류의 동물이 모여 살지요. 그러다 보니, 다른 종끼리 서로 부딪치지 않기 위해 저마다 다르게 사는 방법을 마련했어요. 같은 열대 우림 안에서도 각각 다른 층에 살고, 서로 다른 씨와 열매와 고기를 먹고, 깨고 자는 시간도 서로 달리해요. 열대 우림에서는 밤낮으로 많은 동물이 움직여요. 주행성 동물은 낮에 활동하고 밤에는 자요. 야행성 동물은 낮에는 자고 밤에 활동해요. 깨고 자는 시간이 달라서, 같은 곳에 살면서 한 번도 마주치지 않는 동물들도 있어요.

## 한 나무에서 같이 살기

수컷 코뿔새는 낮에 나무줄기 구멍 속에서 알을 품고 있는 암컷에게 과일과 곤충을 물어다 주어요. 그러다 밤에는 임관층으로 돌아와 잠을 자요. 사람의 손바닥만 한 작은 안경원숭이는 먹이를 찾아 밤에 밖으로 나와요. 어두운 밤에 잘 보려고 눈이 아주 크고, 큰 두 눈을 담기 위해 머리뼈가 세로보다 가로로 더 넓어요.

흰개미 어둠 속에서 살지만, 몇몇 종은 반딧불이처럼 밤에 몸에서 빛을 내요. 그래서 흰개미집은 크리스마스트리처럼 빛나요.

**반딧불이** 밤에 날아다니는 반딧불이는 배의 아래쪽에서 빛을 내요. 이 빛은 열이 없는 차가운 빛이에요.

**박쥐** 이 짧은코과일박쥐 무리처럼, 박쥐는 낮에는 자고 밤에 움직이는 가장 흔한 야행성 동물이에요.

**맨드릴개코원숭이**

학명: *Mandrillus sphinx*
서식지: 서아프리카 열대 우림의 하층과 바닥층
관련 종: 드릴개코원숭이
크기: 키 약 76센티미터
몸무게: 수컷 20~28킬로그램, 암컷 11~12킬로그램. 수컷은 50킬로그램까지 나감
먹이: 과일, 버섯, 뿌리, 곤충, 개구리, 작은 척추동물 등
번식: 암컷은 2년마다 새끼 1마리를 낳음. 임신 기간은 약 6개월
보존 상태: 멸종 취약종

# 무리 지어 살아가기

열대 우림의 몇몇 동물은 홀로 살아가요. 그러다 번식기에만 짝을 만나서 짝짓기를 해요. 하지만 열대 우림의 많은 동물은 무리를 이루어 각자 맡은 일을 하며 살아요. 무리를 지어 살면 수가 많기 때문에 혼자 지낼 때보다 안전해요. 한 마리가 적이 다가오는지 망을 보고 있다가 무리의 다른 동물들에게 울음소리로 위험을 알려 줄 수 있거든요. 그 밖에도 무리를 지어 살면 이로운 점이 많아요. 여러 어른이 새끼를 함께 돌볼 수도 있고, 새끼들도 함께 도우며 사는 방법을 익힐 수 있어요. 개미와 흰개미 같은 곤충, 몇몇 새, 유인원과 원숭이 등은 무리를 지어 사는 가장 흔한 동물이에요.

**함께 살기**

맨드릴개코원숭이는 15~50마리가 무리를 지어 살며, 어른 수컷 한 마리가 여러 어른 암컷을 이끌어요. 젊은 암컷은 무리에 남지만, 수컷은 다 자라면 무리를 떠나 새로 자기 무리를 만들어요. 한 해의 특정 시기에는 여러 무리가 함께 어울리는데, 많으면 250마리까지 모인답니다.

**어미와 새끼** 어미는 자기 새끼를 가장 열심히 돌보지만, 다른 암컷의 새끼를 돌보기도 해요. 때로는 수컷도 새끼의 털을 골라 주거나 새끼와 놀아 주어요.

**털 고르기** 맨드릴개코원숭이는 서로 털을 골라 주면서 사이가 더 가까워져요. 손가락, 입술, 혀를 써서 상대의 털을 골라 주어요.

## 다른 종과 무리 짓기

열대 우림에서는 특이하게도 서로 다른 종인 새들이 큰 무리를 지어 함께 먹이를 구하러 다니기도 해요. 임관층에 새가 많은 것은, 그곳에 곤충이나 과일이 충분하기 때문이에요.

**의사소통** 맨드릴개코원숭이는 다양한 표정과 소리로, 또는 몸을 부딪치면서 의사소통을 해요. 우두머리 수컷은 얼굴색이 가장 선명하고, 화가 나면 무시무시한 이빨을 드러내며 하품하듯 입을 크게 벌려요.

# 원숭이와 유인원

원숭이와 유인원은 열대 우림에서 가장 유명한 동물이에요. 모두 200종이 넘으며, 대부분 원숭이에 속해요. 모든 원숭이는 꼬리가 있지만, 중앙아메리카와 남아메리카에 살고 있는 몇몇 신세계원숭이만이 꼬리로 물건을 감아쥘 수 있어요. 원숭이는 무리를 짓는 특성이 있고, 임관층에서 대부분의 시간을 보내요. 어떤 무리는 아주 시끄럽지요. 고릴라, 침팬지, 오랑우탄, 긴팔원숭이 등의 유인원은 꼬리가 없고, 대부분 원숭이보다 커요. 그중에서도 고릴라가 가장 큰데, 키는 1.5미터 정도예요. 고릴라는 나무를 거의 타지 않지만, 다른 유인원들은 나무를 아주 잘 탄답니다.

### 수마트라오랑우탄
- 학명: *Pongo Abelii*
- 서식지: 인도네시아의 수마트라 섬 북부 열대 우림의 아중과 임관층
- 관련 종: 보르네오오랑우탄
- 크기: 키 약 1.5미터
- 몸무게: 약 91킬로그램
- 먹이: 주로 과일을 먹지만 나뭇잎, 꽃, 곤충, 때로는 작은 척추동물도 먹음
- 번식: 암컷은 15세부터 8년마다 새끼를 한마리(때로는 쌍둥이) 낳음.
- 임신 기간은 약 245일
- 보존 상태: 심각한 위기종

## 수마트라오랑우탄

오랑우탄은 인도네시아 말레이시아 숲의 사람이라는 뜻이에요. 오랑우탄만큼 나무에서 잘 돌아다니는 동물도 없을 거예요. 나무를 떠나는 일이 거의 없어요. 나무줄기를 기어오르는 것은 물론이고, 가끔은 타잔처럼 나뭇가지에 매달려 손으로 잡고 나뭇가지 돌아다니기도 해요.

**손과 발** 오랑우탄은 발도 손처럼 잘 움직여요. 네 개의 손가락으로 매달릴 수 있어요.

### 꼬리일까, 아닐까?

몇몇 원숭이는 튼튼한 꼬리로 나무에 꼬리로 매달려 몸무게를 지탱할 수 있어요. 나무를 매달리면, 손과 발을 자유롭게 쓸 수 있지요. 나무를 기어오를 때 꼬리를 다섯 번째 팔다리로 쓰기도 해요. 유인원은 꼬리가 없는 대신 다른 다른 부분이 튼튼해요.

**꼬리 물툭살** 꼬리 아래쪽에 털 없는 물툭살이 있어서, 나뭇가지를 감을 때 미끄러지지 않아요.

**튼튼한 손가락 관절** 침팬지는 손바닥이 아니라 손가락 관절을 디디며 걸어요.

### 세발가락나무늘보
- 학명: *Bradypus tridactylus*
- 서식지: 남아메리카 열대 우림의 임관층
- 관련 종: 세발가락나무늘보속의 다른 3종
- 크기: 키 약 76센티미터
- 몸무게: 약 8킬로그램
- 먹이: 식물의 잎, 눈, 잔가지 등
- 번식: 암컷이 새끼를 1마리 낳음. 새끼는 6개월 동안 어미에게 매달려 다님. 임신 기간은 약 6개월
- 보존 상태: 관심 필요종

# 나무 타기 선수

열대 우림의 많은 포유류는 나무 위에서 살기 위해 몸이 적응했어요. 그래서 감아쥐는 꼬리를 지닌 동물도 많아요. 이 꼬리로 나뭇가지를 감아 나무에서 떨어지는 것을 막고, 남는 손으로 먹이를 쥘 수도 있거든요. 보통 몸무게가 가볍거나 날개가 없는 포유류가 나무를 잘 타요. 그중에는 평생 나무 위에서 사는 종도 있고, 어느 시기에만 나무 위에서 생활하는 종도 있어요. 원숭이와 유인원 외에 쥐나 다람쥐 같은 설치류, 여우원숭이 등도 나무 타는 포유류예요.

**나방** 나무늘보의 덥수룩한 털에 살아요. 그러다 숲 바닥에 떨어진 나무늘보의 똥에 알을 낳아요.

### 나무에 매달려서
별나게 생긴 나무늘보는 거의 평생을 임관층에서 살아요. 일주일에 한 번 똥을 눌 때만 땅에 내려가요. 아주 느리게 나뭇가지에 매달리거나 발을 번갈아 옮겨서 나무를 오르내려요. 앞다리가 뒷다리보다 두 배 더 길어서 나뭇가지에 매달리는 데는 알맞지만, 땅에서는 아주 굼뜨답니다.

### 그 밖의 나무 타기 선수들

나무 타는 포유류는 발톱이나 꼬리가 특수하게 발달했어요. 이 발톱과 꼬리를 써서 햇빛이 드는 위쪽의 나무로 올라가, 포식자를 피하고 먹잇감을 잡아먹어요.

**개미핥기** 작은개미핥기는 나무를 탈 때 감아쥐는 꼬리를 써요.

**오실롯** 몸집이 작은 고양이류답게 나무를 민첩하게 잘 타요.

**발톱** 나무늘보는 10센티미터나 되는 길고 굽은 발톱으로 나무를 움켜쥐어요. 발톱은 나무늘보가 잠을 잘 때에도, 심지어 죽은 뒤에도 가지를 꽉 쥐고 있어요.

**초록색 털** 나무늘보의 털은 원래 회갈색이에요. 그런데 거친 털에 초록색 이끼가 달라붙어 자라면서 점점 초록색을 띠어요.

**말레이박쥐원숭이**

학명: *Cynocephalus variegatus*
서식지: 동남아시아 열대 우림의 임관층
관련 종: 필리핀박쥐원숭이
크기: 머리와 몸의 길이 38센티미터, 꼬리 25센티미터 정도
몸무게: 약 1.5킬로그램
먹이: 식물의 잎, 꽃, 눈, 열매와 꼬투리 등
번식: 암컷이 새끼를 1마리 낳음. 새끼는 아주 작으며, 덜 발달한 상태로 태어나 6개월 동안 젖을 먹음. 임신 기간은 약 60일
보존 상태: 관심 필요종

# 날아다니는 동물

위험한 열대 우림에서 마음대로 날거나 활공할 수 있는 것은 소중한 재산이에요. 박쥐는 유일하게 진짜로 나는 포유류예요. 날개를 펄럭여 높이와 방향을 마음대로 조절할 수 있어요. 동남아시아 열대 우림의 '날다람쥐원숭이'는 원숭이를 닮아서 그렇지 실제로 원숭이가 아니고, 날지도 못해요. 바람을 타고 활공하는 박쥐원숭이에 속해요. 아시아의 날다람쥐와 오스트레일리아의 주머니하늘다람쥐도 활공하는 열대 우림의 포유류예요. 이들은 자유롭게 날 수는 없지만, 날개 대신 피부가 늘어진 비막을 펼쳐서 바람을 타며 높이와 방향을 바꿀 수 있어요.

### 박쥐의 날개

사실 박쥐의 날개는 앞다리의 피부가 늘어나 다리와 꼬리까지 이어진 막이에요. 그러니까 날개라기보다는 피부가 날 수 있도록 늘어진 비막이에요.

## 활공하는 박쥐원숭이

박쥐원숭이의 비막은 목에서 꼬리까지 몸 양쪽으로 펼쳐져요. 활공하려면, 박쥐원숭이는 먼저 큰 나무 위로 높이 기어올라야 해요. 바람을 타고 나는 활공은 위로 올라가지 못하고, 아래로 내려갈 수만 있으니까요. 날지 않을 때 비막은 양쪽 옆구리에 축 늘어진 채 매달려 있어요.

### 아기 포대기

날다람쥐원숭이는 활공하지 않을 때에는 비막을 접어서 새끼를 업는 포대기로 써요. 어미는 새끼를 비막으로 안전하게 감싼 채 네 다리로 나뭇가지에 매달릴 수 있어요.

### 둥근귀코끼리
**학명:** *Loxodonta cyclotis*
**서식지:** 서아프리카와 서중앙아프리카 열대 우림의 바닥층
**친척 종:** 아프리카코끼리, 아시아코끼리
**크기:** 키 2.4미터, 머리와 몸길이 7.5미터까지 자람
**몸무게:** 수컷 5.4톤, 암컷 2.7톤까지 나감
**먹이:** 식물의 잎, 나뭇가지, 열매 등
**번식:** 암컷은 몸무게 90~120킬로그램의 새끼를 1마리 낳음.
임신 기간은 약 22개월
**보존 상태:** 멸종 취약종

# 걷는 동물

탁 트인 초원 같은 곳에 비해, 컴컴함 열대 우림의 바닥층에는 커다란 포유류가 거의 없어요. 초식 동물에게는 싱싱한 나뭇잎과 풀이, 육식 동물에게는 배를 채울 먹잇감이 충분하지 않거든요. 또 바닥층은 덩굴, 쓰러진 나무, 마른 잎으로 가득해서 몸집이 큰 포유류가 빨리 달아나거나 사냥하기가 어려워요. 하지만 설치류, 천산갑, 멧돼지, 고양이류 같은 작은 포유류는 제법 많아요. 이런 동물들은 더 작은 동물이나 나무에서 떨어진 열매와 씨를 먹지요.

**밀어 쓰러뜨리기** 코끼리는 코와 엄니로 작은 나무와 어린나무를 밀어 쓰러뜨려요.

**봉고** 성질이 순하며, 식물이 뒤엉킨 땅에서도 빨리 달릴 수 있어요. 몸의 줄무늬는 햇빛 아래 얼룩덜룩한 열대 우림의 그림자에 섞여 눈에 잘 띄지 않아요.

**난쟁이몽구스** 몸길이가 25~61 센티미터 정도인 난쟁이몽구스도 코끼리처럼 무리를 지어 먹이를 찾아요. 하지만 코끼리와 달리 고기를 먹는 육식 동물이에요. 작은 포유류, 곤충, 새, 새알 등을 먹어요.

### 새로운 종
예전에는 둥근귀코끼리를 열대 초원에 사는 아프리카코끼리와 비슷한 종이라고 생각했어요. 하지만 엄니를 검사한 결과 서로 다른 종이라는 것이 드러났어요. 아프리카코끼리와 달리 둥근귀코끼리는 숲에 살고, 몸집이 더 작으며, 분홍색을 띤 곧은 엄니가 있어요. 아마 덩굴 식물 같은 데 걸리지 않기 위해 그렇게 되었을 거예요. 또 머리뼈 모양이 다르고, 귀가 둥글어요.

### 열대 우림의 건축가

코끼리는 수천 년 동안 똑같은 길로 무리를 지어 다니면서 나무들을 짓밟았어요. 그렇게 햇볕이 잘 드는 공터를 만들어 왔지요. 이곳으로 바닥층에 사는 동물들이 모여들어요.

**짓밟히는 어린나무** 새로 자란 어린나무는 코끼리에게 단숨에 짓밟혀요.

**동부저지대고릴라** 아프리카에 사는 세 종류의 고릴라 가운데 하나로, 몸집이 새끼 코끼리의 두 배나 되어요.

# 크고 작은 새들

열대 우림의 큰 새 중에는 맹금류가 많아요. 성질이 사납고 고기를 먹는 맹금류는 돌출목층과 임관층에 살면서 먹잇감을 찾고 사냥해요. 하지만 뉴기니 섬의 화식조와 남아메리카의 큰보관조 같은 몇몇 큰 새는 나무 위에서 떨어지는 열매와 씨를 먹으며 평생을 땅에서 지낸답니다. 작은 새들은 먹을 식물과 곤충이 있는 곳이라면 가리지 않고 열대 우림의 모든 층에서 살아요. 땅에서 지내는 새 중에는 번식기에 짝을 찾아 임관층까지 날아오르는 새도 있어요. 날씨가 너무 뜨거우면, 임관층의 새들은 그늘을 찾아 아래층으로 내려오기도 해요.

## 부채머리수리

**학명:** *Harpia harpyja*
**서식지:** 중앙아메리카와 남아메리카 열대 우림의 돌출목층과 임관층
**관련 종:** 수리 약 50종
**크기:** 머리에서 꼬리까지 1미터, 날개폭 2.1미터 정도
**몸무게:** 약 8킬로그램, 암컷이 수컷보다 더 큼
**먹이:** 주로 원숭이와 나무늘보 같은 나무에 사는 포유류, 커다란 파충류, 설치류, 다른 새들
**번식:** 암컷은 보통 알을 2개 낳지만, 그중 먼저 알에서 나온 새끼만 살아남음. 부화 기간은 약 52~56일
**보존 상태:** 위기 근접종

**경고** 짖는원숭이 무리가 부채머리수리가 다가오는 모습을 보자, 경고 울음소리를 내기 시작해요.

**울음소리** 짖는원숭이의 울음소리는 자그마치 3.2킬로미터나 떨어진 곳에서도 들려요.

**갈고리발톱** 부채머리수리의 갈고리발톱은 길이가 무려 13센티미터예요. 자기 몸무게의 절반이나 되는 먹잇감을 들어 옮길 수 있을 만큼 강해요.

## 크기 비교

오색머리콘도르는 긴부리활벌새보다 몸길이는 5배 남짓 길지만, 몸무게는 무려 500배나 된답니다.

**오색머리콘도르** 죽어서 썩어 가는 동물을 먹는 청소동물이에요.

**벌새** 작고 긴 부리로 헬리코니아 꽃 깊숙한 곳의 꿀을 빨 수 있어요.

크고 작은 새들 ◀ 49

**잡기** 부채머리수리는 갈고리발톱으로 달아나는 원숭이를 움켜쥐어요.

**표적** 사냥감으로 찍힌 짖는원숭이가 달아나려고 해요.

## 사냥의 왕

모든 맹금류가 그렇듯이 부채머리수리도 양쪽 눈이 목표물을 각각이 아닌 하나로 보이게 해요. 그래서 입체적으로 볼 수 있어요. 또 양쪽 눈이 가까이 있어서 거리를 가늠하기가 더 쉬워요. 귀도 밝고 무시무시한 갈고리발톱까지, 부채머리수리는 뛰어난 사냥꾼으로서 많은 것을 갖추었어요.

**선택** 부채머리수리는 날카로운 눈으로 낚아챌 원숭이를 골라요.

**접근** 부채머리수리는 시속 약 80킬로미터로 곧장 짖는원숭이 무리를 향해 날아가요.

# 화려한 새

열대 우림의 많은 새는 화려한 색깔을 띠고 있어요. 어떤 새의 수컷은 암컷보다 더 화려한데, 화려한 깃털을 자랑하며 암컷을 유혹하지요. 화려한 새는 대부분 열매와 곤충이 풍부한 임관층에서 살아요. 때때로 이들은 중을 가리지 않고 무리를 이루기도 해요. 임관층에서 열매를 먹는 새 중에는 루브리새나 코뿔새처럼 몸집이 크고 화려한 새들도 있어요. 하지만 화려하다고 다 좋은 것만은 아니에요. 애완동물로도 장식용 깃털을 팔기 위한 사람들이 호시탐탐 자신을 노리고 있으니까요.

### 푸른극락조
- 학명: *Paradisaea rudolphi*
- 서식지: 파푸아 뉴기니 열대 우림의 임관층
- 관련 종: 극락조속의 다른 6종
- 크기: 머리를 뺀 몸길이 30센티미터, 꼬리 깃털을 합치면 122센티미터 정도
- 먹이: 주로 열매
- 연식: 수컷은 짝짓기 뒤에 암컷을 떠남. 암컷은 홀로 낮은 나무에 보금자리를 짓고 1~2개의 알을 낳음. 부화 기간은 약 17~21일
- 보존 상태: 멸종 취약종

### 푸른극락조

모든 수컷 극락조는 암컷을 피기 위해 자신을 뽐내요. 하지만 수컷 푸른극락조는 거기서 더 나아가 암컷의 관심을 끌려고 나뭇가지 한답니다. 거꾸로 매달린 채 날개를 활짝 펴고, 가슴 깃털을 부풀리면서 두 개의 긴 검은 꼬리 깃털을 뽐내지요. 또 수컷들은 한데 모여서 자신들 한껏 뽐내며 서로 경쟁해요.

### 케찰
케찰은 과테말라를 대표하는 새, 케찰은 '크고 화려한 꼬리 깃털'이라는 뜻을 담고 있어요. 어떤 새는 꼬리 깃털이 무려 61센티미터까지 자라기도 해요.

화려한 새 ◀ 51

## 화려한 머리

새 이 화려한 생김새는 날개, 가슴, 꼬리에만 있는 것이 아니에요. 부채비둘기는 머리에 화려한 볏이 있고, 바위새는 머리에 길고 촘촘한 털이 났어요. 큰부리새와 눈동새는 둘레에 화려한 색깔의 고리가 있어요.

**큰부리새**

**바위새**

**부채비둘기**

**부르기** 수컷 푸른극락조는 거꾸로 매달린 채 흥얼거리듯 "와르, 와르" 소리를 내며 암컷을 불러요.

## 곤충

곤충은 열대 우림에서 가장 수가 많으며, 모든 곤충의 반수가 살고 있어요. 하지만 불행히도 곤충을 먹이로 삼는 동물이 아주 많아요. 잡아먹히지 않기 위해 대벌레는 나뭇잎처럼 위장할 수 있고, 가랑잎벌레는 진짜 잎과 거의 구별할 수 없게 생겼어요. 우장과 상판없이 멋진 색깔을 지닌 나비들과 머리에 꼬리 주둥이가 달린 꽃매미도 있어요. 딱정벌레, 말벌, 꿀벌, 모기도 많아요. 그런데 역시 가장 수가 많은 곤충은 무리를 이루어 사는 수천 종의 개미예요.

### 개미 사회

군대개미는 무려 200만 마리까지 잘 짜인 무리를 이루어 살아요. 일개미들은 부채 모양으로 퍼져서 다른 곤충이나 거미, 전갈을 공격하기도 해요. 아무리 독을 품은 전갈이라도, 이런 수많은 개미의 빈틈없는 공격을 이겨 낼 수는 없어요.

### 군대개미

학명: *Eciton burchelli*
서식지: 주로 중앙아메리카와 남아메리카의 열대 우림의 바닥층
관련 종: 약 150여 종 중 다른 11종
크기: 몸길이 약 3~12밀리미터
몸매: 개미 안 나팜
먹이: 주로 다른 곤충과 개미 등
번식: 날개가 없는 여왕개미는 3주마다 약 25만 개의 알을 낳음. 알은 동물의 이동멈출에 아빠깨어 번식가 동안 품음
보존 상태: 안정적

**메넬라우스모르포나비** 파란색으로 보이는 메넬라우스모르포나비의 날개는 사실 갈색이에요! 날개의 표면에 파릅하게 보이는 것은 비늘이 겸쳐서 파란빛을 반사하기 때문이지요. 비늘이 없는 날개 밑면은 훨씬 더 칙칙한 갈색이에요.

**전갈** 몸집도 훨씬 더 크고 무시무시한 독침이 있지만, 전갈은 100만 마리나 되는 군대개미를 이길 수 없어요. 군대개미들은 전갈의 몸을 잘게 조각내어 나머지 두리에게 가져가요.

일개미는 턱이 길고 긴 모양이에요. 그래서 먹이감을 자르지는 못해도 질게 찢을 수 있어요.

### 파슨카멜레온
- 학명: *Calumma parsonii*
- 서식지: 마다가스카르 섬 열대 우림의 하층과 임관층
- 관련 종: 카멜레온속의 다른 19종
- 크기: 몸길이 약 55~65센티미터
- 몸무게: 약 700그램
- 먹이: 주로 곤충, 잎, 꽃, 열매, 이끼와 잔가지도 먹음
- 번식: 암컷은 땅에 약 25~50개의 알을 낳고 떠남. 부화 기간은 약 12~24개월
- 보존 상태: 위기 근접종

# 파충류

열대 우림의 파충류 가운데 뱀과 도마뱀은 모든 층에 살고, 거북과 악어는 특정한 층에서만 살아요. 몇몇 뱀은 낮에는 임관층에서 햇볕을 쬐고, 밤에는 하층의 나뭇가지에 꼬리를 매단 채 먹잇감을 기다려요. 물론 땅에서만 지내는 뱀도 있어요. 열대 우림에는 몸길이가 3미터에 이르는 육시성 코모도왕도마뱀부터 작은 곤충을 먹는 도마뱀붙이에 이르기까지 2000종이 넘는 도마뱀이 살고 있어요.

**눈** 카멜레온의 두 눈은 따로따로 움직여요. 그래서 머리를 움직이지 않아도 주위를 다 살필 수 있어요. 다른 파충류의 눈은 그렇게 사방을 볼 수가 없어요.

### 특이한 도마뱀
전 세계 카멜레온의 3분의 2 이상이 마다가스카르 섬에 살아요. 카멜레온은 물체를 입체적으로 보는 눈과 세상에서 가장 빠르게 움직이는 혀 등 여러 특징을 지니고 있어요.

**사냥** 카멜레온의 혀끝에는 먹잇감을 휘감는 늘어진 테두리가 있어요. 그래서 바퀴벌레는 이 끈끈한 혀끝에 잡히면 달아날 수 없어요. 카멜레온은 먹잇감을 정확히 겨냥하기 위해 한쪽 눈은 멈추고, 나머지 눈을 굴린답니다.

**속도** 카멜레온의 혀는 초속 457미터 정도로 엄청나게 빨리 움직여요.

**변하는 색깔**
맨 바깥층의 피부 밑으로는 색깔을 반사하는 특수한 세포층이 있어요. 그래서 카멜레온은 기분, 온도, 빛의 세기에 따라 몸 색깔을 바꿀 수 있어요.

**혀** 돌돌 말린 혀를 발사하면, 카멜레온의 몸길이보다 1~2배나 긴 혀가 입 밖으로 튀어 나가요.

## 아프리카숲살모사

무시무시한 독을 품은 아프리카숲살모사도 카멜레온처럼 숨어서 먹잇감을 기다리는 포식자예요. 입을 쩍 벌려서 독니로 먹잇감을 찔러요.

# 개구리

열대 우림에는 물이 풍부하기 때문에 다양한 개구리가 많이 살아요. 전부는 아니지만, 열대 우림에 사는 대부분의 개구리는 알을 낳아요. 이 알은 웅덩이가 되어 있는 물 속에서 지내다가, 탈바꿈하여 개구리가 됩니다. 가장 놀라운 열대 우림의 개구리는 중앙아메리카와 남아메리카에 사는 화려한 몸 색깔의 독화살개구리예요. 이들의 화려한 몸 색깔은 포식자에게 독이 있다는 경고 표시랍니다. 실제로 독화살개구리의 피부에는 독이 있어요. 원래 피부 중의 독 세포가 있는 것이 아니라, 독을 품은 개미와 진드기를 먹어서 생긴 거예요.

## 파란발독화살개구리

이 개구리는 사람 엄지손가락 끝마디 정도의 크기예요. 이 작은 몸은 암컷 웅덩이들을 등에 업고 땅에서 임관층까지 힘들게 올라가요. 그런 다음, 브로멜리아드 잎에 고인 물에 웅덩이를 집어넣어요. 이것이 끝이 아니에요. 암컷은 웅덩이들에게 양이 되지 못한 미수정란을 먹이기 위해 몇 번이고 다시 돌아온답니다.

**파란발독화살개구리**
학명: *Dendrobates granuliferus*
서식지: 코스타리카와 파나마 열대 우림의 땅에서 임관층까지
관련 종: 독화살개구리속의 다른 41종
크기: 약 1.9~2.2센티미터
체중: 약 3.2그램
먹이: 주로 개미, 그 밖의 곤충도 먹음
번식: 암컷은 2~5개의 알을 부화하면, 임관층의 브로멜리아드 잎에 고인 물로 옮김. 올챙이는 90~200일 만에 개구리로 탈바꿈함
보존 상태: 멸종 취약종

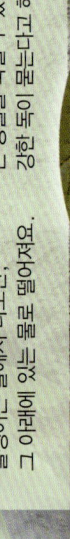

① 개구리의 울음 개구리는 수컷만 울어요. 암컷을 꾀거나, 다른 수컷들에게 물러나라고 경고하기 위해서예요. 개구리 울음 주머니에 있는 공기주머니는 울음소리를 더 크게 만들어요.

② 투명개구리 톡아래에 몸이 투명한 이 개구리는 물 위에 드리운 잎이 뒷면에 알을 낳아요. 올챙이는 알에서 나오면, 그 아래에 있는 물로 떨어져요.

③ 팩맨 처크볼개구리는 머리 전체가 입이에요. 개구리 몸보다도 팩맨과 닮았다고 해서 팩맨개구리라고 불러요. 주로 다른 개구리를 먹고 살아요.

④ 황금독화살개구리 이 개구리는 굉장히 독해요. 화살촉을 개구리 등에 살짝만 문질러도 큰 동물을 죽일 수 있을 만큼 강한 독이 묻는다고 해요.

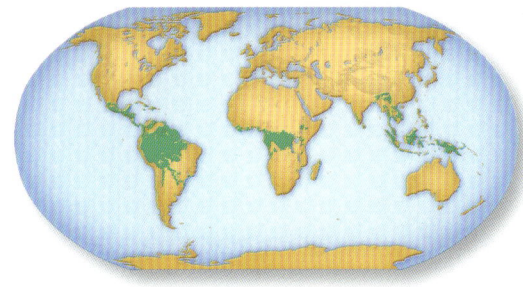

### 멸종 위기 등급

**절멸종**: 마지막으로 남은 동물이 죽어서 완전히 멸종한 종. 1994년 이후로 열대 우림의 동물 약 30종이 멸종했음

**자생지 절멸종**: 야생에서는 멸종했으나 동물원 등에는 남아 있는 종. 지난 6년 사이에 열대 우림의 동물 4종이 야생에서 사라져 동물원 등에만 남아 있음

**심각한 위기종**: 야생에서 바로 멸종할지도 모르는 종. 열대 우림의 동물 약 650종이 심각한 위기종임. 10년 안에 또는 3세대 안에 멸종될 확률 50퍼센트

**멸종 위기종**: 야생에서 가까운 미래에 멸종할 가능성이 높은 종. 열대 우림의 동물 약 1200종이 멸종 위기종임. 20년 안에 멸종 가능성 20퍼센트

**멸종 취약종**: 지금 당장은 아니지만, 야생에서 멸종 위기에 놓일 가능성이 높은 종. 열대 우림의 동물 2000종 이상이 멸종 취약종임.

# 사라지는 동물들

열대 우림에 사는 포유류, 조류, 파충류, 양서류, 곤충 등 약 5800종의 동물이 사라질 위험에 놓여 있어요. 그중에 많은 동물은 이미 멸종을 향해 가고 있어요. 이렇게 된 가장 큰 이유는 주로 사람들 때문이에요. 코끼리, 대형 고양이류와 조류 등의 동물은 엄니, 털가죽, 깃털을 얻으려는 사람들에게 사냥을 당해요. 색다른 파충류, 몇몇 원숭이와 유인원, 화려한 새들은 애완용으로 팔기 위해 산 채로 잡히고 있어요. 그러나 이보다 더 무서운 위협은 동물이 먹이를 얻고, 자고, 새끼를 낳는 서식지가 사라지는 거예요. 사람들이 도로와 농장 등을 짓기 위해 열대 우림을 계속 없앤다면, 살 곳을 잃은 동물들은 영원히 사라질 거예요.

**보르네오오랑우탄** 애완용으로 잡히거나 산불로 멸종 위기에 놓여 있어요.

**알렉산드라비단제비나비** 세계에서 가장 큰 이 나비는 지난 20년 사이에 멸종 위기에 몰렸어요.

**봉고** 우간다의 열대 우림에서는 사라졌고, 아프리카의 다른 지역에 적은 수가 남아 있어요.

**수마트라호랑이** 사냥당하거나 서식지가 사라져, 이제 약 250마리밖에 남지 않았어요. 멸종 위기종이에요.

**황금앵무** 아마존 열대 우림에 사는 이 새는 사람들이 산 채로 잡고, 서식지가 사라져 멸종 위기에 놓여 있어요.

**황금사자타마린** 한때 심각한 위기종이었지만, 지금은 약 1000마리로 불어났어요. 그래도 여전히 멸종 위기종이랍니다.

**위부화개구리** 이제 이 개구리가 입으로 살아 있는 새끼를 낳는 모습을 두 번 다시 볼 수 없어요. 1980년대 이후로 멸종했거든요.

**미투보관조** 브라질 열대 우림에 살았던 이 새는 지금 야생에서는 멸종했어요. 동물원 같은 곳에 몇 마리만 남아 있지요.

### 멸종 위기 대비

국제 자연 보호 연맹(IUCN)은 동식물의 수를 세어 멸종 위기에 놓인 종을 조사하는 기관이에요. 이곳에서는 해마다 동식물의 '멸종 위기 등급'을 발표하여, 각 나라의 정부와 기관들에게 경고하고 있어요. 너무 늦기 전에 동식물이 지구에서 영원히 사라지지 않도록 대비하자는 것이지요.

사라지는 동물들 59

**아프리카코끼리** 서식지가 사라져 가고, 상아를 얻으려는 사람들에게 사냥당해 멸종 취약종이에요.

**부채머리수리** 한때 멸종 위기에 몰렸지만, 지금은 수가 늘어나고 있어요.

**모리셔스애기큰박쥐** 1860년대 이후로 멸종했어요.

**산고릴라** 멸종 위기종이에요. 마지막으로 세었을 때 325마리가 확인되었어요.

**파란독화살개구리** 애완용으로 잡히고, 산불로 많은 수가 줄어서 지금은 관심 필요종이에요.

**세띠아르마딜로** 열대 우림의 파괴와 사냥 등으로 전체 수의 약 30퍼센트가 사라졌어요. 이제 멸종 위기에 놓여 있어요.

**카우아이오오** 1980년대에 마지막 한 쌍이 보인 뒤로, 멸종한 것으로 알려졌어요.

## 아시아
아시아의 열대 우림은 멀리 인도 서쪽 끝에도 있지만 주로 동남아시아의 말레이시아, 인도네시아, 보르네오 섬에 퍼져 있어요.

**이반 족** 보르네오 섬의 이반 족은 긴 통나무집에 살면서 바닷물고기를 잡아먹어요.

**페난 족** 보르네오 섬의 페난 족은 멧돼지가 중요한 식량이에요.

# 세계의 열대 우림

열대 우림 지역에 사는 원주민들은 열대 우림의 다양하고 풍요로운 자원에 기대어 살고 있어요. 그래서 열대 우림의 소중함을 누구보다 잘 알고 보존하고 있어요.

**침부 족** 파푸아 뉴기니의 침부 족은 전통 의식을 치를 때 남성들의 얼굴에 색칠을 해요.

## 오스트레일리아와 파푸아 뉴기니
오스트레일리아의 열대 우림은 북동쪽 바닷가에 약간 남아 있는 정도예요. 반대로 오스트레일리아와 가까이 있는 파푸아 뉴기니는 땅의 약 55퍼센트가 열대 우림으로 덮여 있어요.

## 아프리카
아프리카에는 무려 37개국에 열대 우림이 우거져 있어요. 가장 넓은 열대 우림은 콩고 민주 공화국, 가봉, 카메룬, 콩고 4개국에 걸쳐 있는 열대 우림이에요.

**음부티 족** 콩고 민주 공화국의 음부티 족 소년들은 전통 의식을 치를 때 풀잎으로 만든 치마를 입고 춤을 추어요.

# 세계의 열대 우림

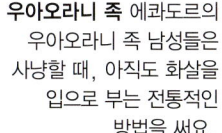

### 멕시코와 중앙아메리카
중앙아메리카의 열대 우림은 멕시코 남부에서 파나마까지 펼쳐져 있어요. 중앙아메리카에서 열대 우림이 거의 없는 나라는 엘살바도르뿐이에요.

**쿠나 족** 파나마의 쿠나 족 여성들은 머리에 독특한 빨간 스카프를 써요.

**우아오라니 족** 에콰도르의 우아오라니 족 남성들은 사냥할 때, 아직도 화살을 입으로 부는 전통적인 방법을 써요.

### 남아메리카
아마존 열대 우림은 브라질을 비롯한 남아메리카의 8개국에 걸쳐 약 650만 제곱킬로미터에 이르는 세계 최대의 열대 우림이에요.

**야노마미 족** 베네수엘라 남쪽과 브라질 북쪽에 사는 야노마미 족 여성들은 바나나와 바나나 잎에 싼 흰개미를 주로 먹어요.

## 열대 우림의 종류

에콰도르에 가까운 적도 상록수림은 일 년 내내 203센티미터가 넘는 비가 고르게 내려요. 이 낮은 저지대 열대 우림은 임관층이 아주 빽빽해요. 열대 습윤림은 해발 고도 1500미터가 넘는 고지대에서도 울창한 숲을 이루어요. 적도에서 멀리 떨어져 있고, 우기에는 약 127센티미터의 비가 내려요. 비가 거의 내리지 않는 건기에는 많은 나무가 잎을 떨어뜨리기 때문에 임관층이 덜 빽빽하지요.

**열대 습윤림** 임관층 사이의 틈새로 햇빛이 바닥층까지 들어와서 식물이 잘 자라요. 이 사진은 멕시코의 열대 습윤림 바닥층이에요.

**적도 상록수림** 계절의 구분이 없어서 매일 해가 비치는 시간이 같아요. 이 사진은 보르네오 섬의 적도 상록수림이에요.

**카야포 족** 브라질의 카야포 족은 흙에 거름을 주거나 땅을 바꿔 가며 농사를 짓는 등 여러 가지 농사 기술로 자신들이 사는 열대 우림을 돌본답니다.

# 뜻풀이

**갈고리발톱** 갈고리처럼 끝이 뾰족하고 구부러진 동물의 날카로운 발톱. 먹이를 움켜잡거나 적으로부터 몸을 보호하는 등 여러 가지 일을 할 수 있는 도구 겸 무기예요.

**감아쥐는 꼬리** 나뭇가지 따위를 감아서 움켜쥐어 몸을 지탱하는 데 적응된 꼬리.

**겹잎(복엽)** 아카시아 잎처럼 잎자루 하나에 여러 개의 작은 잎(소엽)이 겹을 이루어 달린 잎.

**관목(떨기나무)** 키가 작고, 줄기와 가지가 명하지 않은 나무. 이와 달리, 보통 키가 8미터를 넘으며 줄기가 곧고 굵은 나무는 '교목(큰키나무)'이라고 해요.

**관심 필요종** 국제 자연 보호 연맹이 정한 멸종 위기 등급의 하나로, 야생에서 멸종할 가능성이 낮은 종.

**광물질(미네랄)** 생물이 사는 데 필요한 광물성 영양소. 식물에게 필요한 광물질은 주로 칼륨, 인, 칼슘, 마그네슘 등이 있어요. 이 광물질들은 뿌리에서 물을 통해 식물의 다른 부위들로 옮겨져요.

**광합성** 식물이 햇빛을 이용하여 물과 이산화탄소로 양분인 포도당을 만드는 일. 식물의 잎은 광합성에 필요한 이산화탄소는 빨아들이고, 광합성을 통해 만들어진 산소는 밖으로 내보내요. 광합성은 잎의 세포에 들어 있는 엽록체에서 이루어지며, 엽록체 속의 초록빛 색소인 엽록소가 빛 에너지를 받아들여요. 광합성으로 만들어진 포도당은 녹말, 지방, 단백질 같은 여러 가지 양분으로 바뀌어 식물의 몸속으로 고루 전달되어요.

**기생 식물** 다른 식물의 몸에 붙어살면서 양분을 빼앗아 먹는 식물. 기생 식물은 양분을 주는 식물, 즉 '숙주'에게 해를 입혀요.

**꽃밥** 꽃가루(화분)와 꽃가루를 담고 있는 꽃가루주머니(화분낭)를 아울러 이르는 말.

**돌출목층** 열대 우림의 맨 꼭대기 층. 높이가 약 40미터 넘는 거대한 나무들이 그 아래 임관층의 나무들 위로 높다랗게 솟아 있는 부분이에요.

**리아나** 주로 열대 우림에서 자라며, 땅에 뿌리를 내리고 자라는 덩굴 식물.

**맹그로브** 열대와 아열대 지방의 갯벌이나 강어귀 습지에서 자라는 나무들. 종류에 따라 바닷물이 닿거나 민물에 잠기는 곳, 또 그 중간에서 자라는 것 등이 있어요.

**멸종** 생물의 한 종류가 완전히 사라지는 일. 한 종의 마지막 개체가 죽으면 그 종은 멸종해요.

**무척추동물** 척추(등뼈)가 없는 동물. 곤충, 거미, 문어, 해파리 등 여러 종류가 있어요.

**밀렵꾼** 보호되는 동물을 허가받지 않고 몰래 사냥하는 사람들.

**바닥층** 열대 우림의 가장 아래층. 높이 약 1.5미터 아래부터 땅까지를 가리켜요. 햇빛이 거의 닿지 않아 아주 어둡고 습하지만, 땅에 떨어진 죽은 생물이 분해되면서 모든 식물이 자라는 데 필요한 영양 염류가 만들어져요.

**반착생 식물** 특정 시기 동안만 착생 식물로 사는 식물.

**버팀뿌리** 땅위줄기에서 뻗어 나온 뿌리. 땅속으로 넓게 뻗어 나가, 거대한 나무들이 쓰러지지 않도록 버텨 주는 역할을 해요.

**번데기** 곤충의 애벌레가 어른벌레로 되기 위해 한동안 먹지도, 거의 움직이지도 잃고 가만히 있는 몸. 번데기 때, 애벌레의 기관과 조직이 어른벌레의 구조로 바뀌어요.

**번식** 생물이 자손(새끼나 씨앗)을 늘려서 퍼뜨리는 일.

**부화** 동물의 알 속에 자란 새끼가 껍데기를 깨고 나오는 일.

**비막** 조류를 제외한 척추동물 중에서 앞다리의 피부가 늘어나 몸통과 뒷다리 또는 꼬리까지 이어진 막. 박쥐와 하늘다람쥐 등에게 있으며, 이 비막을 펼쳐서 글라이더처럼 활공할 수 있어요.

**사회생활** 생물에서, 많은 수의 생물이 서로 일을 나누어 맡으며 함께 살아가는 일. 말벌, 꿀벌, 개미, 흰개미 등이 사회생활을 하는 사회성 곤충이에요.

**생태계** 어떤 환경 안에서 생물이 살아가는 복잡한 세계. 이 안에서 생물과 생물, 생물과 환경은 서로 영향을 주고받으며 살아가요.

**애벌레(유충)** 곤충의 알에서 나와 아직 다 자라지 않은 벌레. 다리가 없어서 꿈틀꿈틀 기어 다니는 것, 짧은 다리가 많이 달린 것, 날개가 없을 뿐 어른벌레와 거의 비슷한 것 등 종류에 따라 다양한 모습이에요.

**야행성** 주로 밤에 활동하는 동물의 성질.

**양서류** 어류와 파충류의 중간으로, 땅 위와 물속에서 사는 척추동물의 무리. 피부가 촉촉하고, 젤리와 같은 껍질로 싸인 알을 낳아요. 개구리, 도롱뇽, 두꺼비, 영원 따위가 있어요.

**양치식물** 양분이나 물이 이동하는 관다발이 있는 식물 중에서 꽃을 피우지 않고, 홀씨로 번식하는 모든 식물. 고사리와 석송 등 전 세계에 1만 종이 넘게 있어요.

**엄니** 크고 날카롭게 나 있는 포유류의 이빨. 코끼리의 기다란 엄니는 앞니가 발달한 것이고, 호랑이나 멧돼지 등의 임니는 송곳니가 빌틸힌 거에요.

**열대** 지구를 가로로 정확히 반으로 가른 선인 적도와 그 주변 지역. 연평균 기온이 20도 이상이며, 비가 많이 내려요.

**열대 우림** 적도를 중심으로 퍼져 있는 열대 지방의 울창한 숲. 일 년 내내 무덥고, 비가 많이 내려요. 다양한 동식물이 어울려 사는 열대 우림은 높이에 따라 돌

출목층, 임관층, 하층, 바닥층으로 나뉘어요.

**영양 염류** 생물이 사는 데 필요한 양분으로, 소금기가 들어 있는 물질. 육상 식물은 주로 뿌리에서 광물질 같은 영양 염류를 빨아들여요.

**유인원** 긴팔원숭잇과와 성성잇과에 속하는 포유류로, 꼬리가 없고 대부분 원숭이보다 커요. 고릴라, 침팬지, 오랑우탄, 긴팔원숭이 따위가 있어요.

**위기 근접종** 국제 자연 보호 연맹이 정한 멸종 위기 등급의 하나로, 머지않은 미래에 야생에서 위기에 처할 가능성이 높은 종.

**위장** 동물이 먹잇감에게 몰래 다가가거나 포식자의 눈에 띄지 않도록 주변 환경과 비슷하게 색깔, 모양, 무늬 따위를 꾸미는 일.

**원시림** 사람의 손이 닿지 않은 자연 그대로의 숲.

**이산화탄소** 탄소와 산소로 이루어진 기체. 색깔이 없으며, 나무와 석탄 같은 화석 연료를 태울 때나 동식물이 호흡을 할 때 공기 중으로 뿜어져 나와요. 녹색 식물이 광합성 작용으로 양분을 얻는 데 꼭 필요한 기체지만, 공기 중의 이산화탄소는 지구의 열을 바깥으로 나가지 못하게 막는 지구 온난화의 원인이에요.

**임관층** 열대 우림의 맨 꼭대기 돌출목층의 바로 아래층. 임관은 나뭇가지와 잎이 많이 달린 나무의 빼곡한 윗부분을 가리켜요. 키가 30미터쯤 되는 큰 나무들이 울창한 숲을 이루고, 가장 다양한 동식물이 살고 있어요.

**주행성** 주로 낮에 활동하는 동물의 성질.

**진화** 매우 오랜 시간에 걸쳐서, 동물과 식물이 주위 환경에 맞게 변해 가는 일. 진화를 통해 원래는 한 생물이었던 것이 여러 종으로 나뉘어요.

**착생 식물** 다른 식물에 붙어서 사는 식물. 기생 식물과 달리, 스스로 양분을 만들어 자신이 붙어사는 식물(숙주)에 해를 끼치지 않아요.

**척추동물** 척추(등뼈)가 있는 동물. 어류, 양서류, 파충류, 조류, 포유류가 척추동물에 속해요.

**탈바꿈(변태)** 애벌레가 나비가 되는 것처럼, 동물의 어린 것이 다 자란 몸으로 변하는 일.

**포식자** 다른 동물을 잡아먹고 사는 동물.

**포유류** 몸에 털이 나 있고, 새끼를 낳아 젖을 먹여 기르는 척추동물의 무리. 고양이, 개, 쥐, 원숭이, 사슴, 고래, 인간 등이 모두 포유류예요.

**하층** 열대 우림의 임관층 아래, 바닥층 위에 있는 층. 임관층에 닿는 햇빛의 15퍼센트 정도밖에 닿지 않기 때문에, 햇빛을 더 받기 위해 위층보다 나무들의 잎이 더 크고 짙은 초록색을 띠어요.

**환경 오염** 각종 쓰레기, 공장이나 자동차에서 내보내는 가스, 자연 파괴 등으로 사람과 동식물이 살아가는 주변이 더럽혀지는 일.

**활공** 새가 날개를 퍼덕이지 않은 채 날거나 글라이더처럼 바람을 타고 나는 것.

# 찾아보기

**ㄱ**
강 18~19, 32
개구리 56~57
개미 52~53
개미핥기 42
검정파리 28, 29
고릴라 40, 47
곤충 52~53
곰팡이 9, 16, 17
광대버섯 16, 17
광산 20
광합성 31
교살무화과 26~27
국제 자연 보호 연맹(IUCN) 58
군대개미 52~53
균사 16
기생 식물 28
꽃가루받이 11, 28~29

**ㄴ**
나무늘보 42~43
나방 42
난쟁이몽구스 46
난초 24
날개 달린 씨 10
농작물 32

**ㄷ**
덩굴 8, 22, 23, 24
도마뱀 54
돌출목층 8, 10~11
동부저지대고릴라 47
둥근귀코끼리 46~47
디프테로카르프 10~11

**ㄹ**
라플레시아 28~29

**ㅁ**
말레이박쥐원숭이 44~45
망치머리박쥐 12
맨드릴개코원숭이 38~39
메넬라우스모르포나비 52
멸종 58
멸종 위기 등급 58
모기 25
모리셔스애기큰박쥐 59
목재 33
무리 38~39
무화과말벌 26, 27
물 18, 30
미투보관조 58

**ㅂ**
바구미 18
바나나 30
바다악어 19
바닥층 9, 16~17
바위새 51
박쥐 12, 15, 37, 44
박쥐 터널 12
박쥐원숭이 44~45
반딧불이 37
버팀뿌리 22
벌매 10
벌새 48
벌집 11
보르네오 열대 우림 10~11
보르네오오랑우탄 58
봉고 46, 58
부채머리수리 48~49, 59
부채비둘기 51
불 33
붉은가슴물총새 19
브로멜리아드 24~25

**ㅅ**
사고야자 18
산고릴라 59
산소 30, 31
산호뱀 16, 17
세띠아르마딜로 59
세픽 강 18~19
세픽커피 19
속눈썹살모사 14, 25
수마트라오랑우탄 40~41
수마트라호랑이 58
수중 식물 18
식물의 번식 28~29
씨 퍼뜨리기 28

**ㅇ**
아프리카숲살모사 55
아프리카코끼리 46, 59
알렉산드라비단제비나비 58
야행성 동물 36
약이 되는 식물 30, 31
양치식물 24
열대 우림 파괴 32~33
열대 우림의 역사 20~21
열대 우림의 층 8~9
열대피 18
영양 염류 16, 22, 23, 32
오색머리콘도르 48
오실롯 42
온두라스흰박쥐 15
원숭이의 길 13
원시림 20, 33
위부화개구리 58
유인원 40~41
이산화탄소 30, 31
일개미 53
임관층 8, 12~13

**ㅈ**
전갈 52
주머니쥐 25
주행성 동물 36
줄무늬청개구리 14
지네 16, 17
짖는원숭이 48, 49

**ㅊ**
착생 식물 24~25
찻잔접시버섯 16, 17
찻종버섯 16
총채벌레 11
침팬지 41

**ㅋ**
카멜레온 54~55
카우아이오오 59
케찰 50
코모도왕도마뱀 54
코뿔새 36
큰꿀벌 11
큰도요타조 23
큰부리새 51

**ㅌ**
태양곰 11
털머리새 11
톡토기 13
투명개구리 56
투명날개나비 15
투알랑 10, 11

**ㅍ**
파란독화살개구리 59
파란발독화살개구리 56~57
파슨카멜레온 54~55
파충류 54~55
판야나무 8, 28
팩맨개구리 56
푸른극락조 50~51

**ㅎ**
하층 9, 14~15
헬리코니아 14~15
호접란 14
활공하는 포유류 44
황금독화살개구리 56
황금사자타마린 58
황금앵무 58
흰개미 16, 36

# Credits

The publisher thanks Puddingburn for the index.

**ILLUSTRATIONS**
**Front cover** Christer Eriksson
**Back cover** Contact Jupiter (Yvan Meunier)
**Spine** Peter Bull Art Studio

**Peter Bull Art Studio** 8-9, 10-11, 12-13, 14-15, 16-17, 18-19, 20-1, 30-1, 32-3, 36-7, 38-9, 40-1, 42-3bl, ct, br, 44-5, 46-7, 48-9, 50-1bl, bc, br, 52-3, 54-5, 58-9
**Christer Eriksson** 42-3, 50-1
**Contact Jupiter (Yvan Meunier )** 22-3, 24-5, 26-7, 28-9, 56-7
**Guy Troughton** 45 tr

**MAPS**
Andrew Davies; Map Illustrations

**PHOTOGRAPHS**
Key t=top; l=left; r=right; tl=top left; tcl=top center left; tc=top center; tcr=top center right; tr=top right; cl=center left; c=center; cr=center right; b=bottom; bl=bottom left; bcl=bottom center left; bc=bottom center; bcr=bottom center right; br=bottom right

ALA = Alamy; CBT = Corbis; GI = Getty Images; iS = istockphoto.com; MP = Minden Pictures; NPL=Nature Picture Library
**10**bcl MP **14**cl iS **20**bl, c GI **21**bc ALA tr GI **60**br, tcl, tr GI cr CBT **61**bl MP br CBT c iS cl, tl GI tr NPL